¡Nuestra maravillosa Tierra!

# CUEVAS

Tanner Billings
Traducido por Diana Osorio

Please visit our website, www.garethstevens.com.
For a free color catalog of all our high-quality books, call toll free 1-800-542-2595 or fax 1-877-542-2596.

Library of Congress Cataloging-in-Publication Data
Names: Billings, Tanner, author.
Title: Cuevas / Tanner Billings.
Description: New York : Gareth Stevens Publishing, [2023] | Series: ¡Nuestra maravillosa Tierra! | Includes index.
Identifiers: LCCN 2021039103 | ISBN 9781538275887 (Set) | ISBN 9781538275894 (Library Binding) | ISBN 9781538275870 (Paperback) | ISBN 9781538275900 (eBook)
Subjects: LCSH: Caves–Juvenile literature.
Classification: LCC GB601.2 .B5 2023 | DDC 551.44/7–dc23
LC record available at https://lccn.loc.gov/2021039103

Published in 2023 by
**Gareth Stevens Publishing**
29 East 21st Street
New York, NY 10010

Copyright © 2023 Gareth Stevens Publishing

Translator: Diana Osorio
Editor, Spanish: Diana Osorio
Editor, English: Kate Mikoley
Designer: Tanya Dellaccio

Photo credits: Cover Balate Dorin/Shutterstock.com; p. 5 kid315/Shutterstock.com; p. 7 triocean/Shutterstock.com; p. 9 Double Bind Photography/Shutterstock.com; p. 11 fotofundi/Shutterstock.com; p. 13 Ian Crocker/Shutterstock.com; p. 15 aquapix/Shutterstock.com; p. 17 Kuznetsova Julia/Shutterstock.com; p. 19 Dirk Daniel Mann/Shutterstock.com; p. 21 keywordphil/Shutterstock.com; p. 23 Dmitry Pichugin/Shutterstock.com.

All rights reserved. No part of this book may be reproduced in any form without permission in writing from the publisher, except by a reviewer.

Printed in the United States of America

CPSIA compliance information: Batch #CSGS23: For further information contact Gareth Stevens, New York, New York at 1-800-542-2595.

# Contenido

Qué geniales son las cuevas . . 4

¿Qué son las cuevas? . . . . . . . 8

La vida en las cuevas . . . . . . 14

Palabras que debes aprender . 24

Índice . . . . . . . . . . . . . . . . . 24

Una cueva es
un gran agujero.
Es formado por
la naturaleza.

La mayoría son de roca.
Muchos son
de piedra caliza.

El agua corta
un agujero en la roca.
Esto forma la cueva.

Una cueva puede
estar sobre la tierra.

Puede estar
en el costado
de una colina.

Algunas están
en el agua.

Algunas están
hechas de hielo.

Las cuevas
pueden ser largas.
Algunas tienen muchos
giros y curvas.

Los murciélagos
viven en cuevas.
Salen por la noche
para comer.

La gente solía vivir
en cuevas.
Algunos dibujaban
en las paredes.

# Palabras que debes aprender

murciélago    colina    agua

## Índice

colinas, 12

hielo, 16

murciélagos, 20

piedra caliza, 6

**24**